In diesem Malbuch ermutigen wir Sie, die Seiten mit Leben zu füllen und Ihrer Fantasie freien Lauf zu lassen. Die Bilder sind nur der Ausgangspunkt für Ihre kreative Reise. Lassen Sie sich von Ihrer inneren Künstlerin oder Ihrem inneren Künstler leiten und erweitern Sie die Bilder, wie es Ihnen gefällt.

Die Leinwand ist leer, die Farben warten – die Welt Ihrer Vorstellungskraft ist grenzenlos. Tauchen Sie ein und lassen Sie Ihre kreative Reise beginnen!

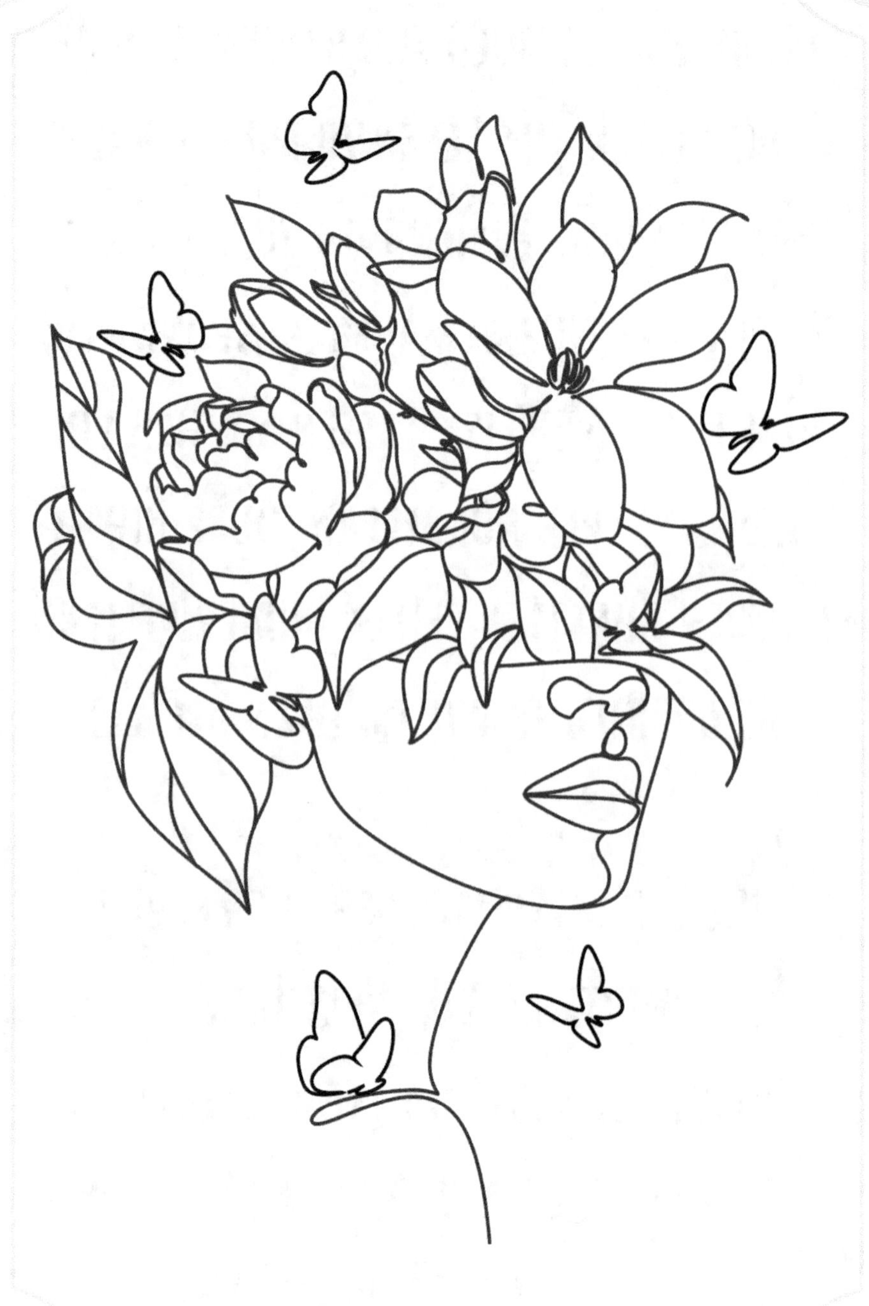

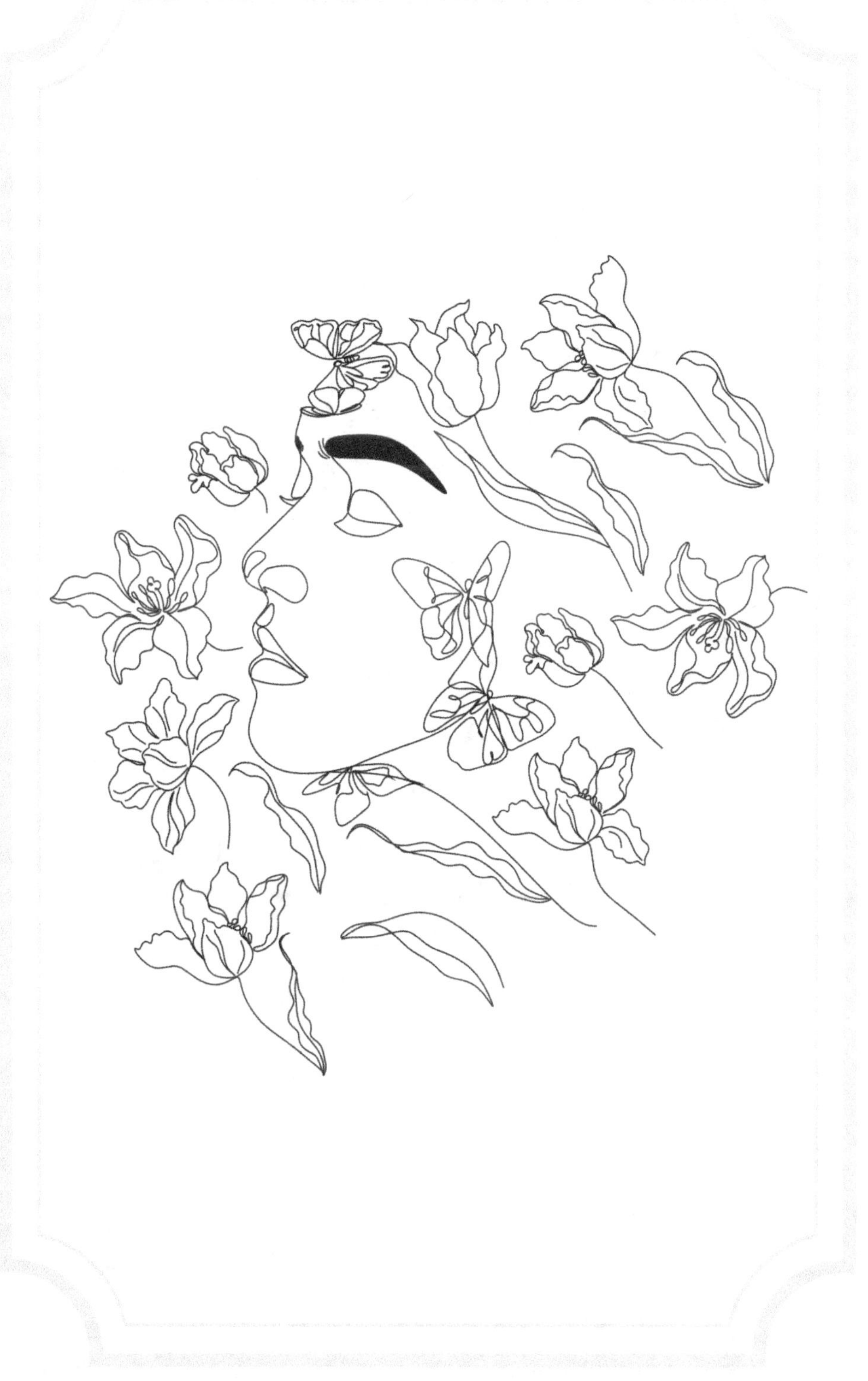

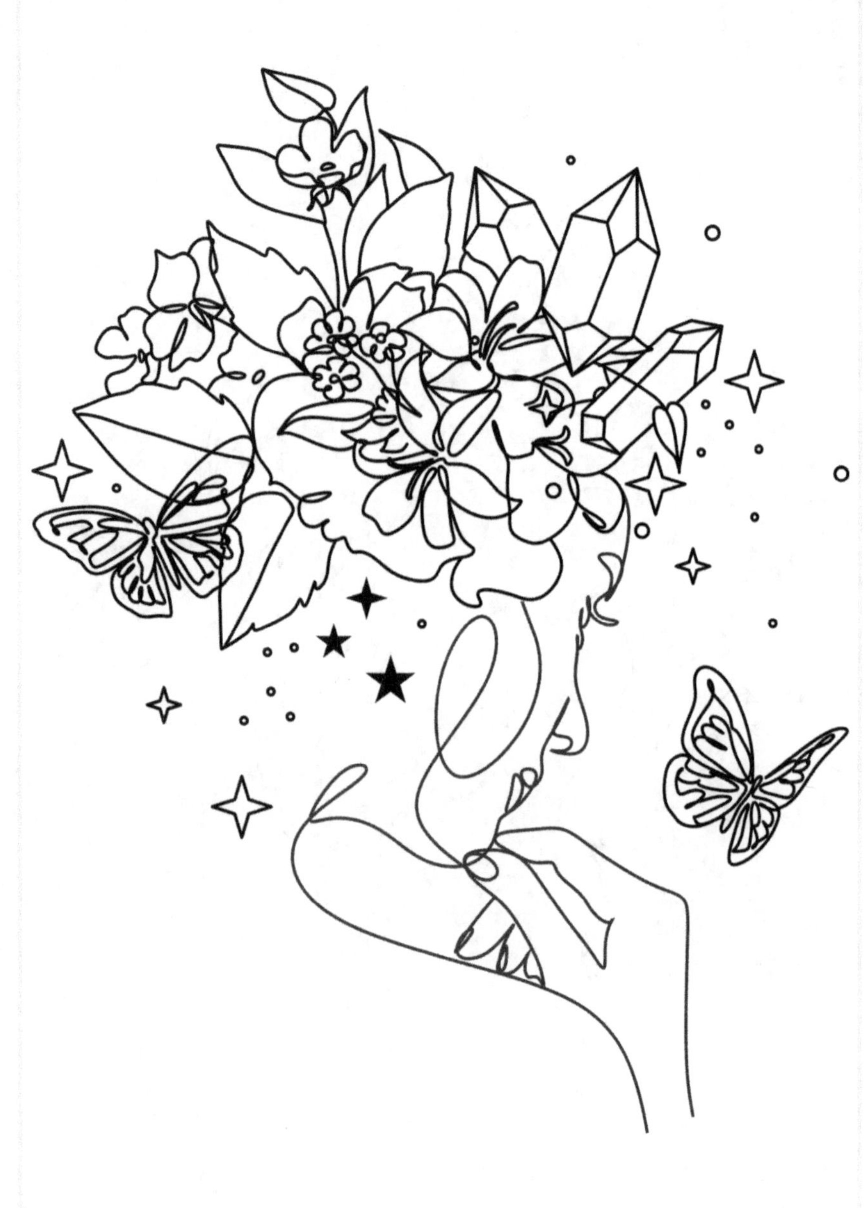

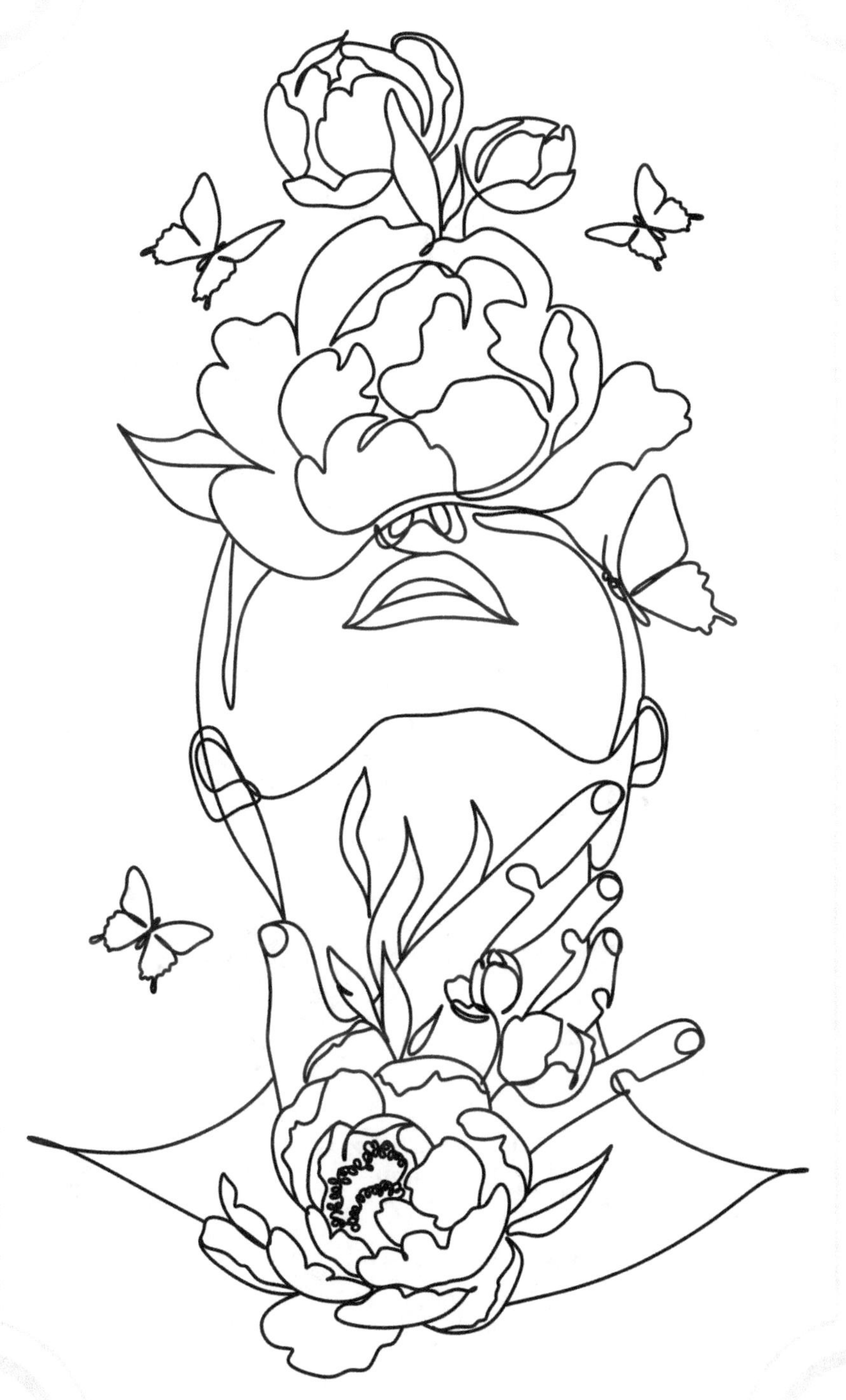

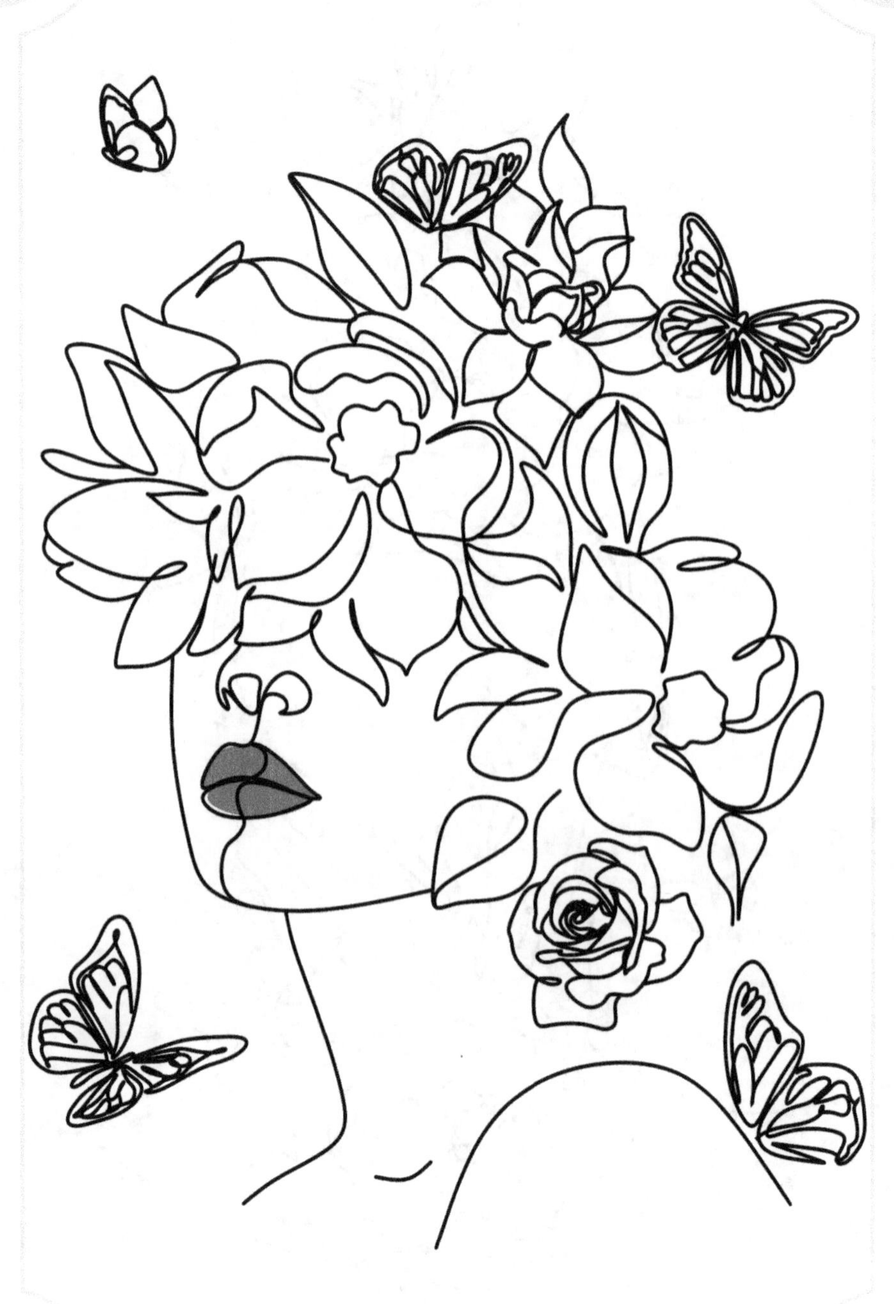

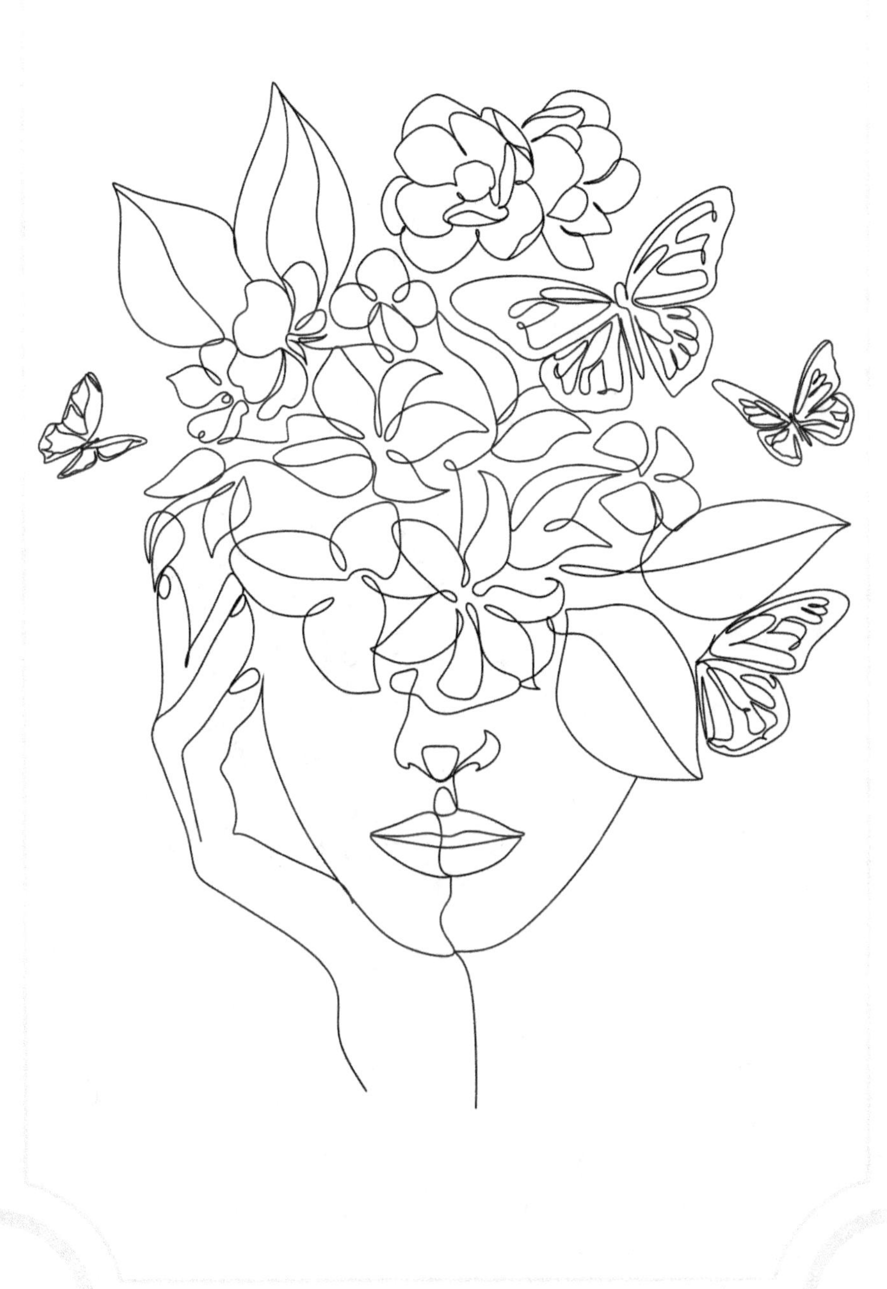

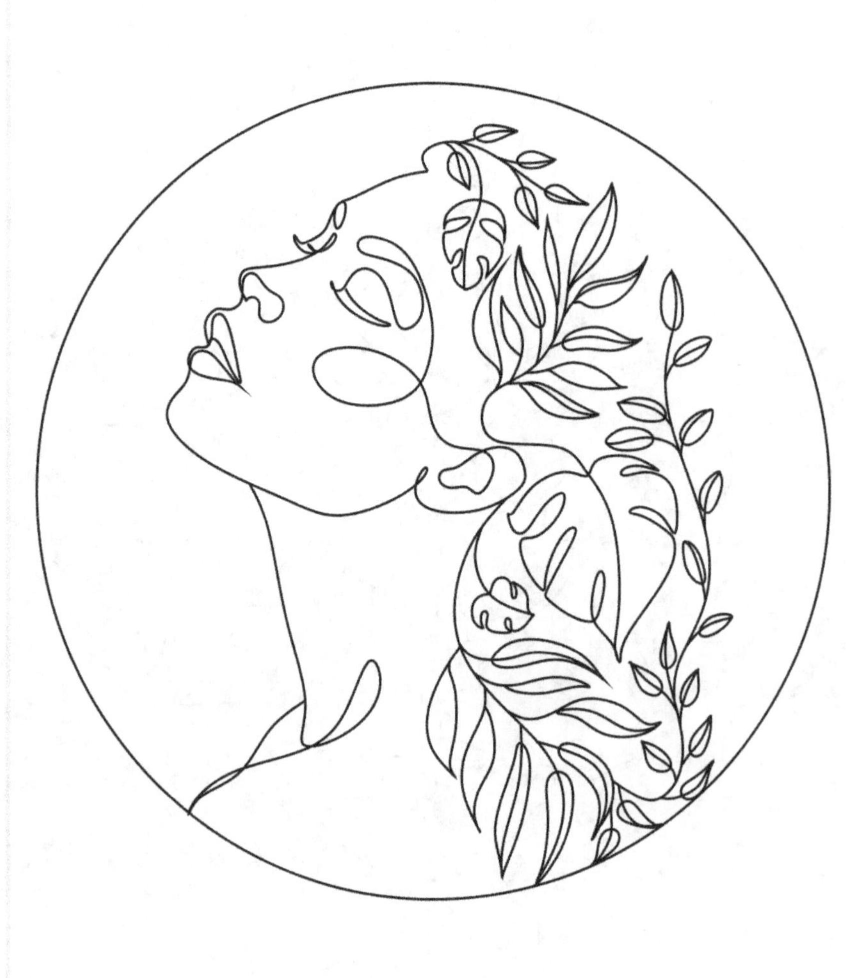

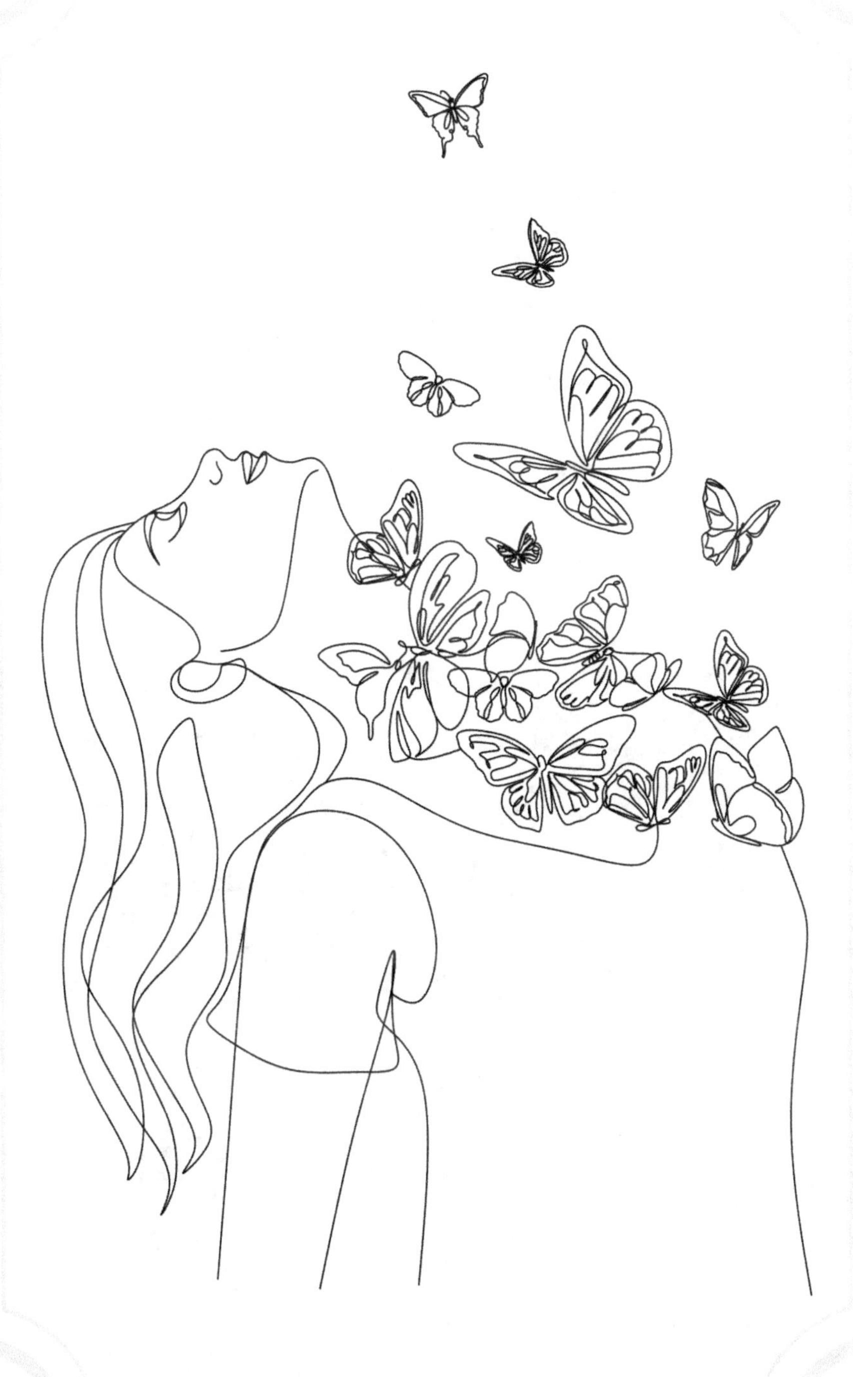

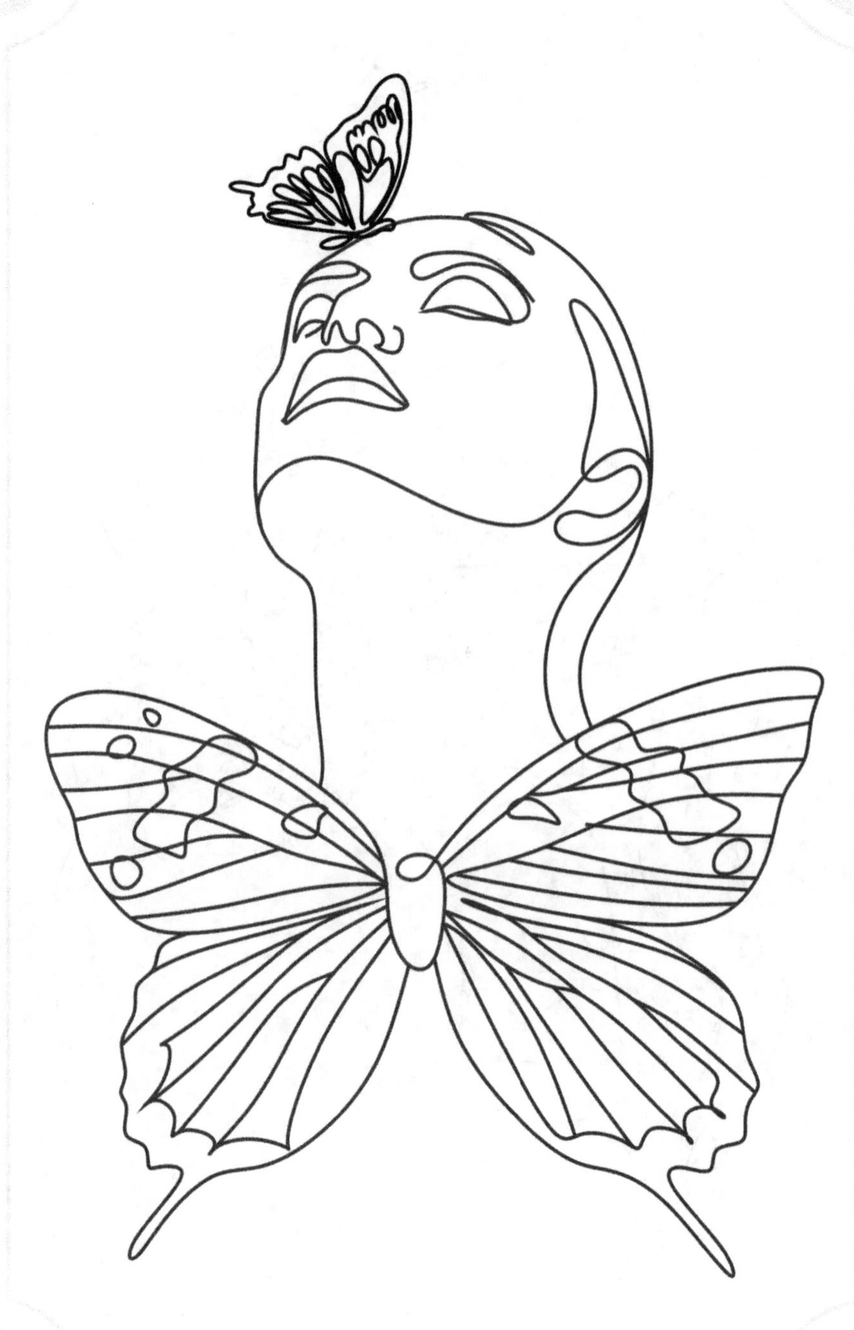

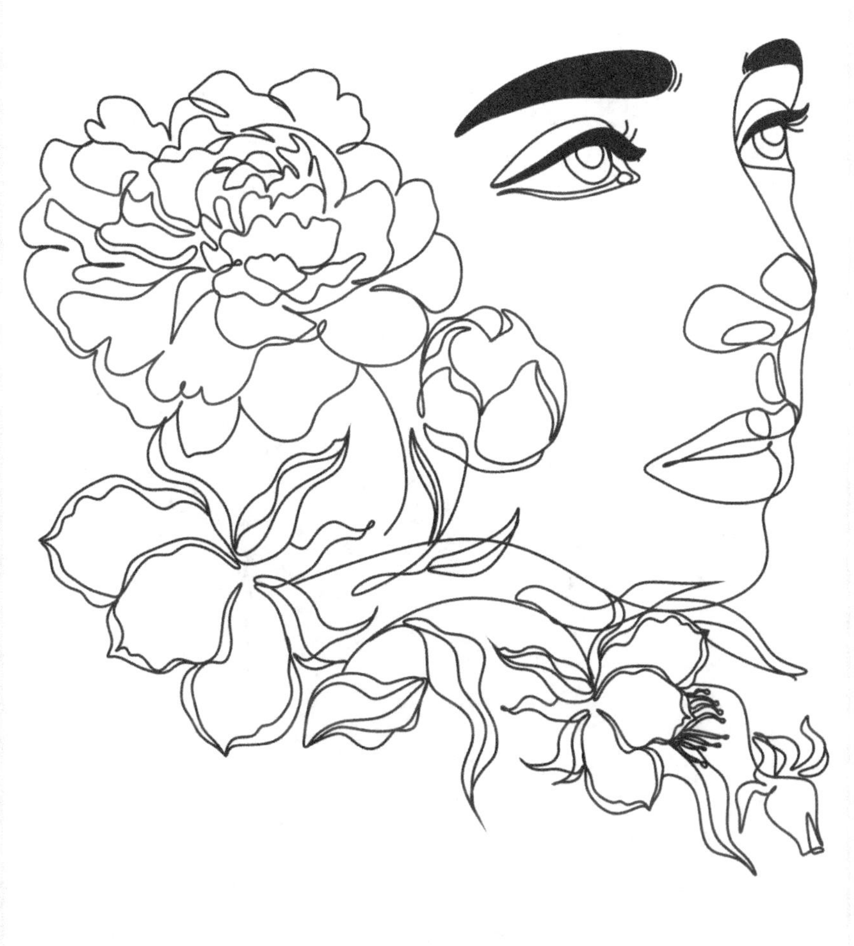

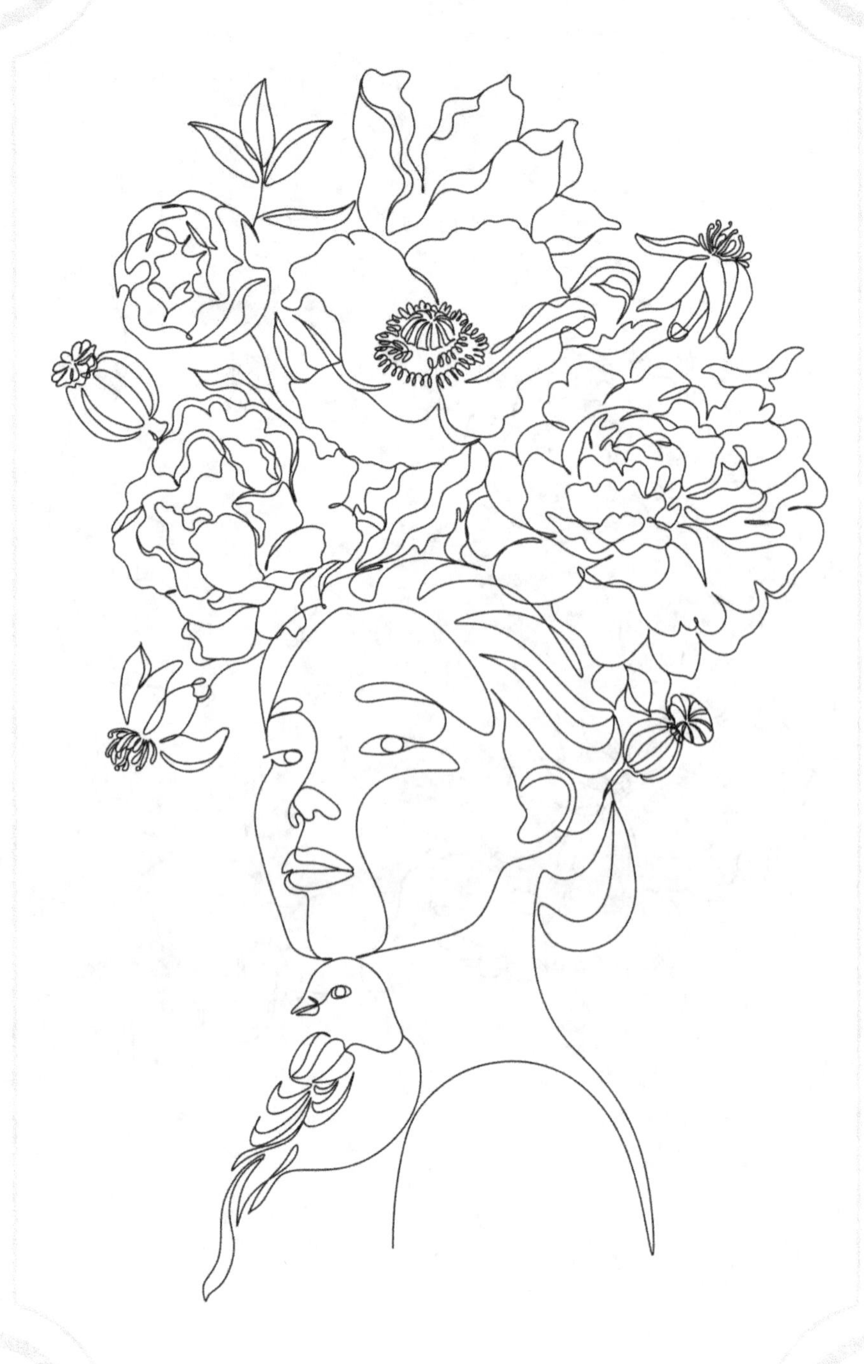

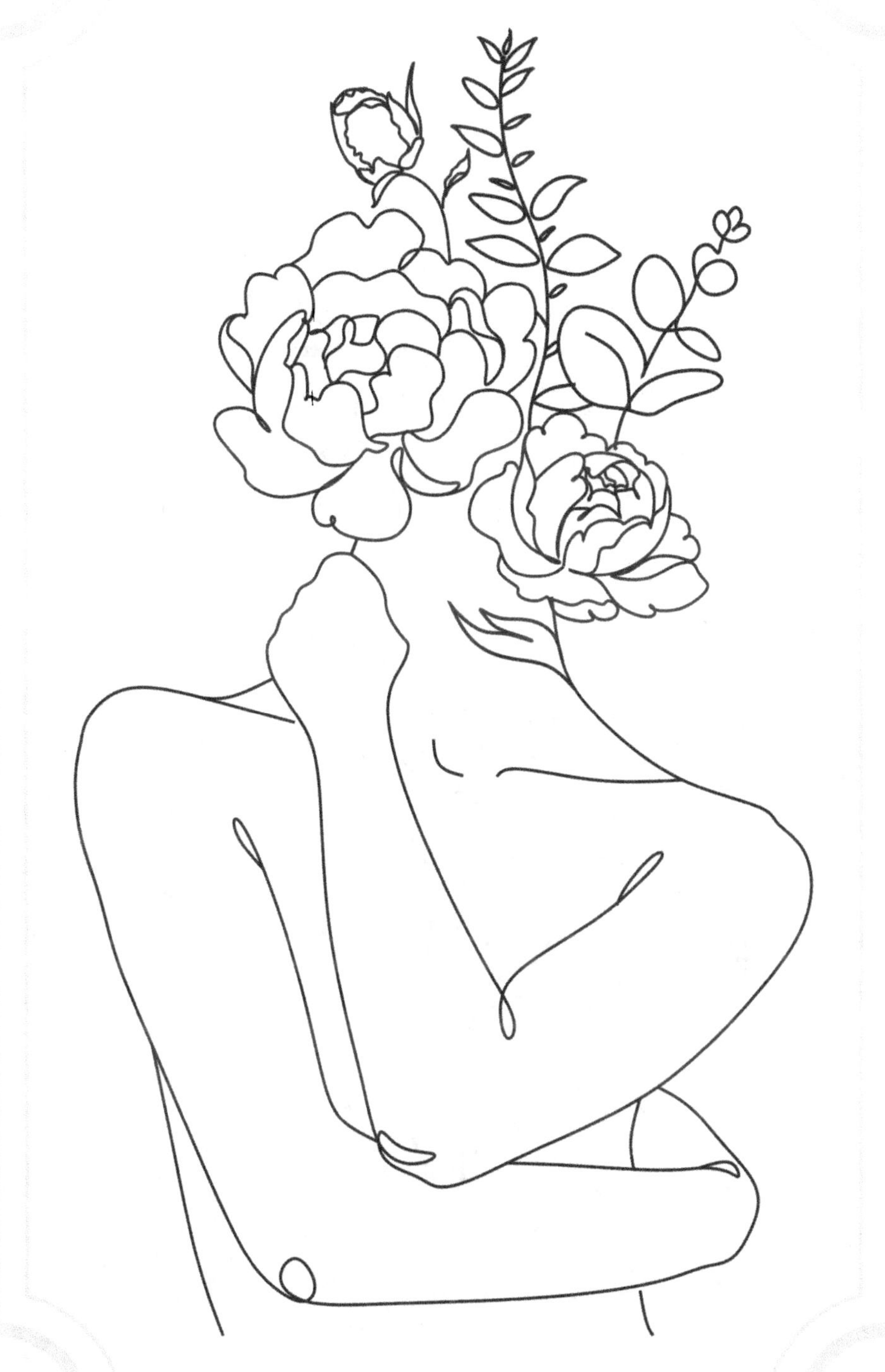

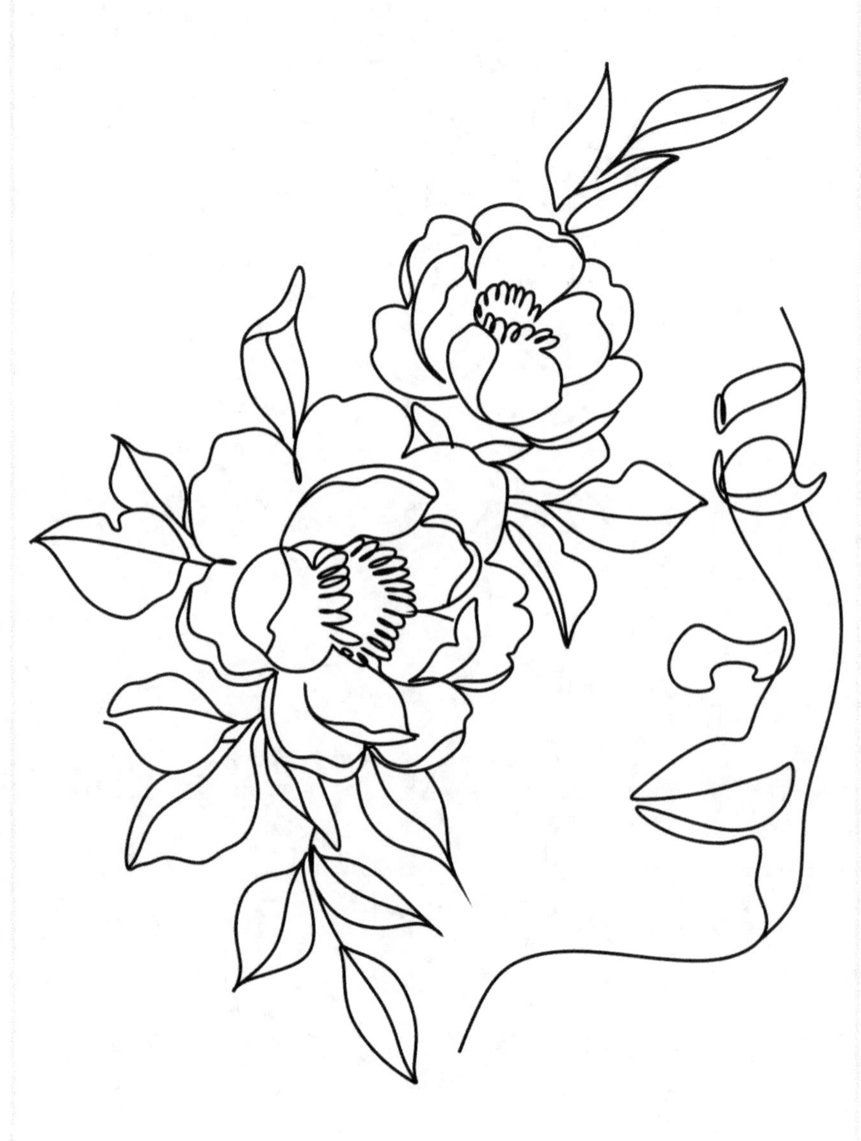

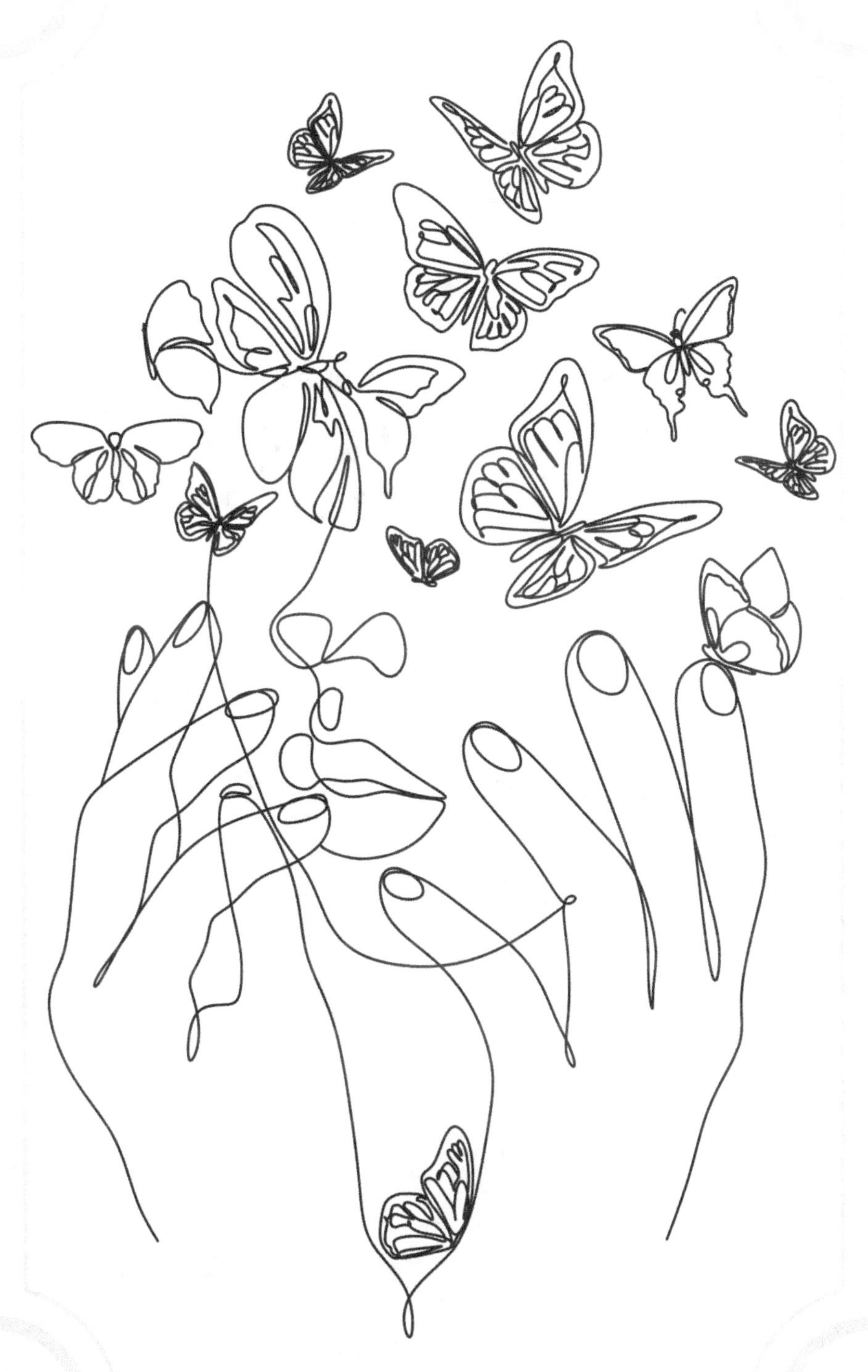

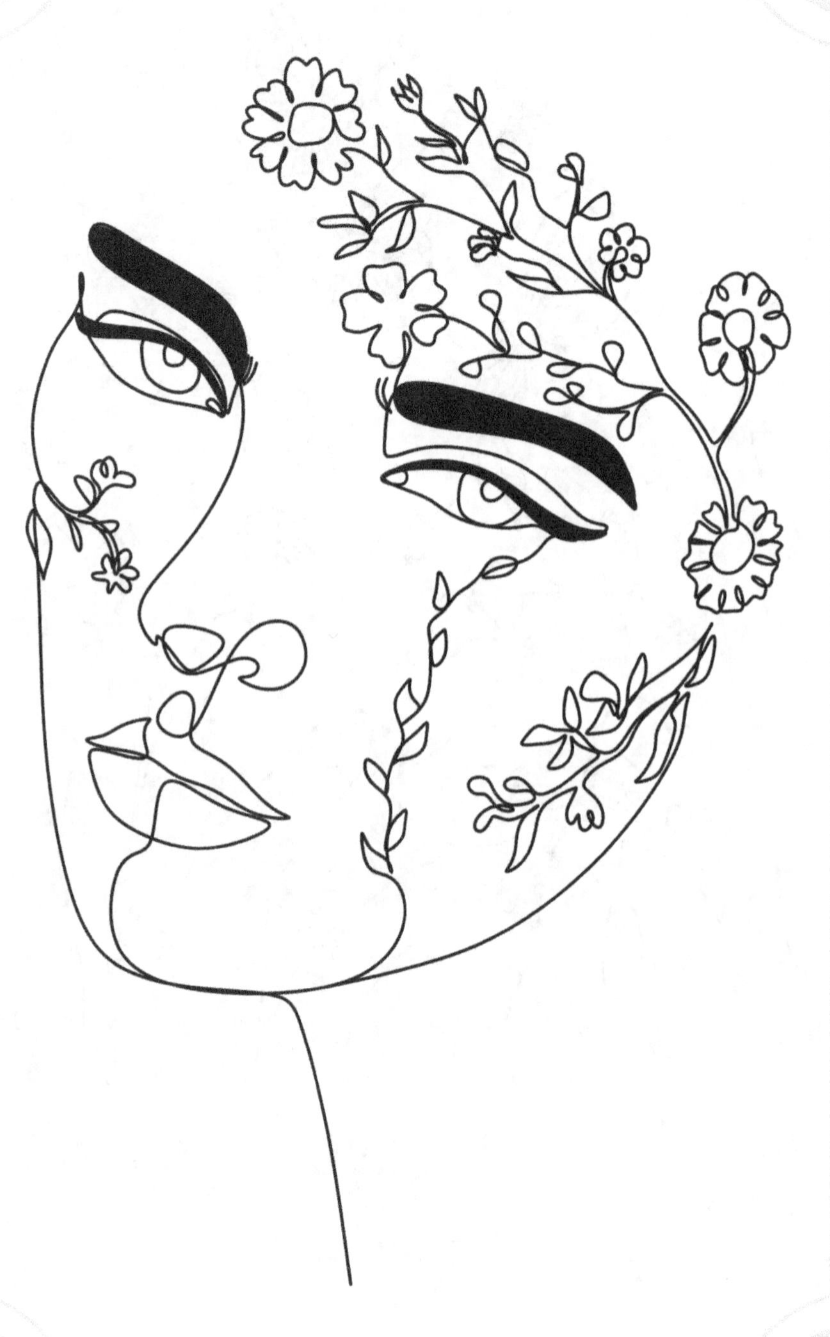

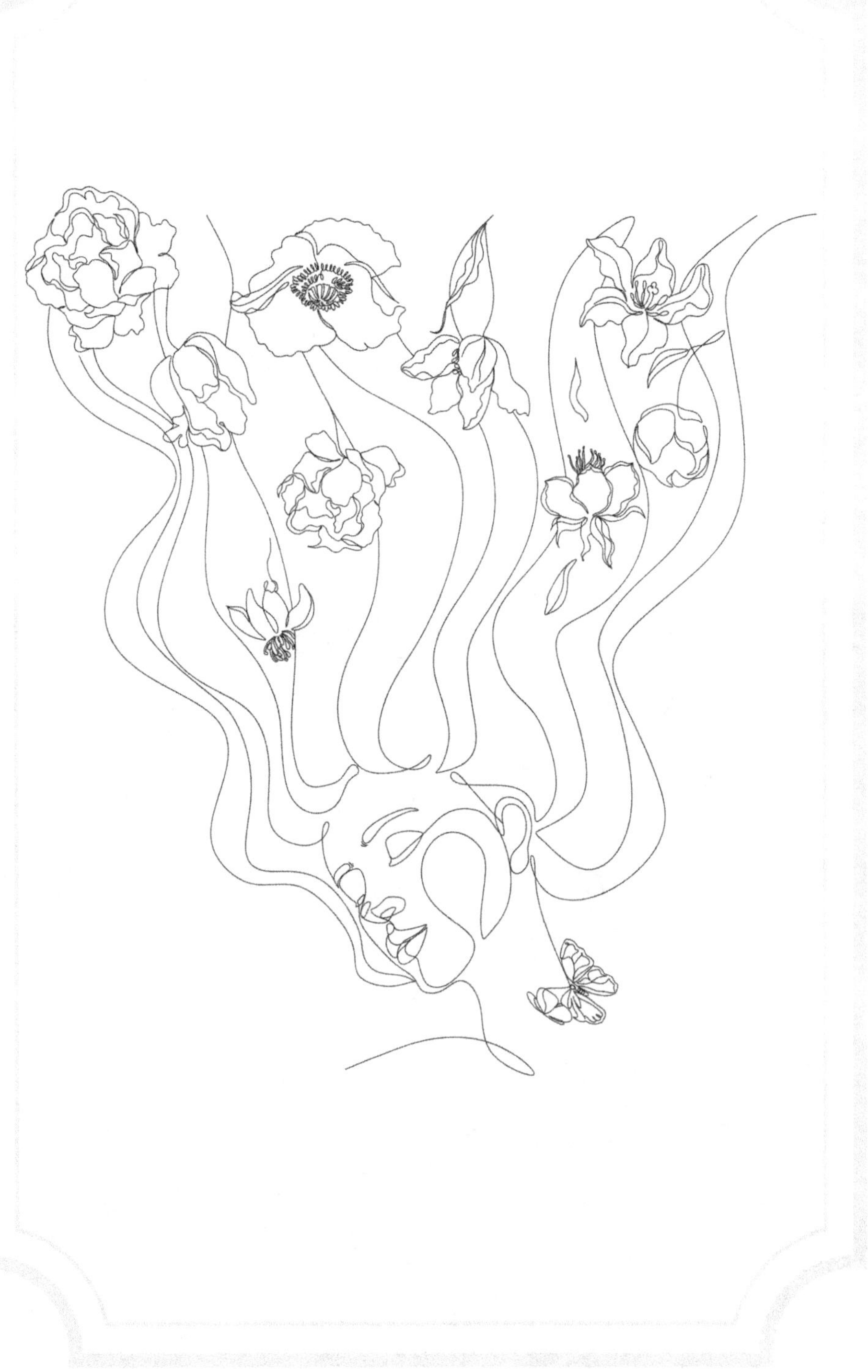

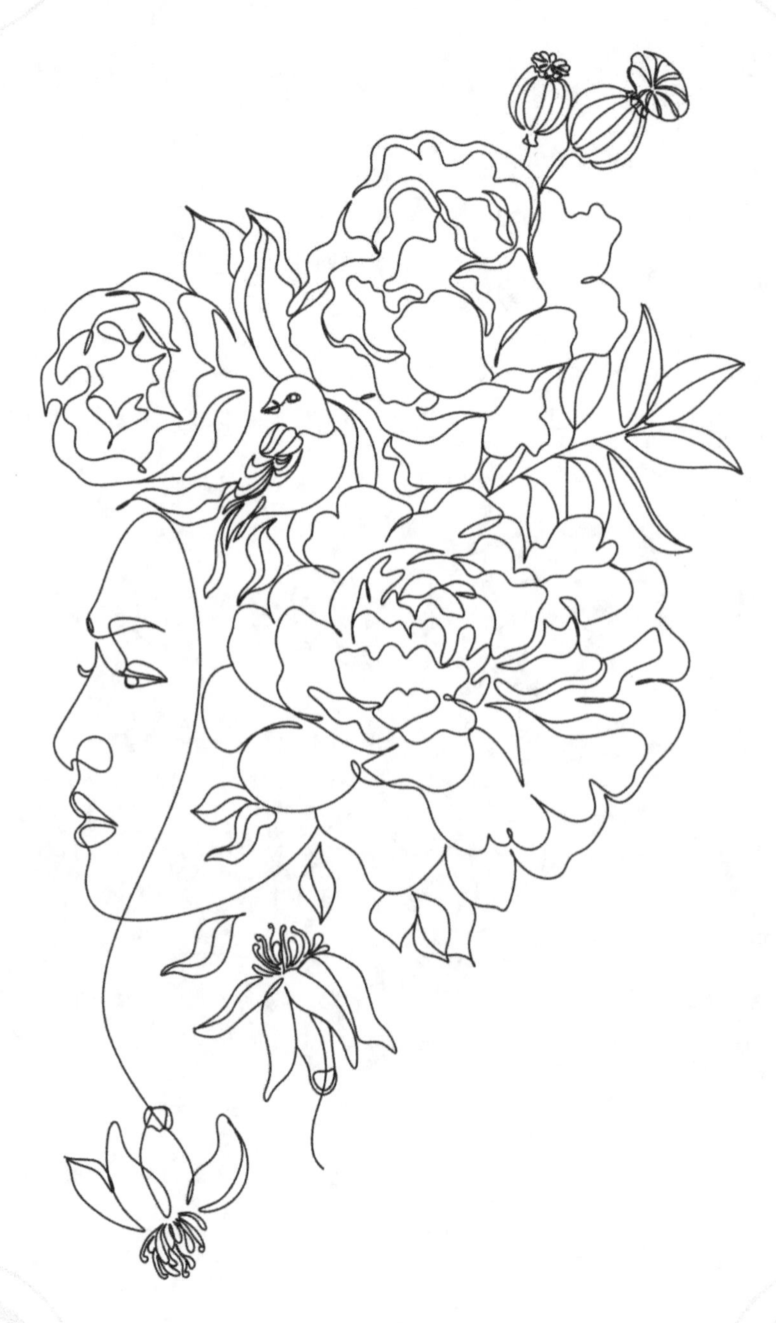

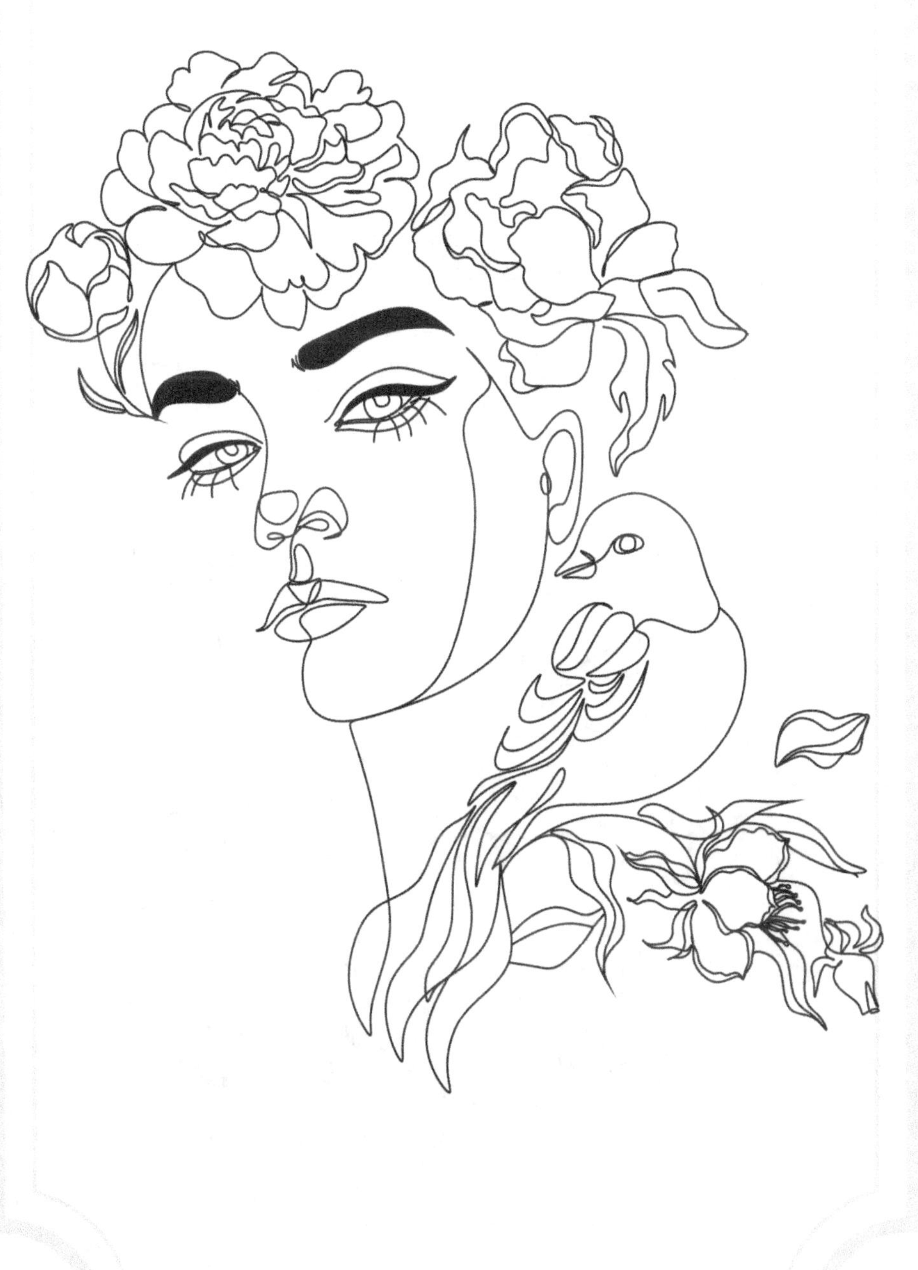

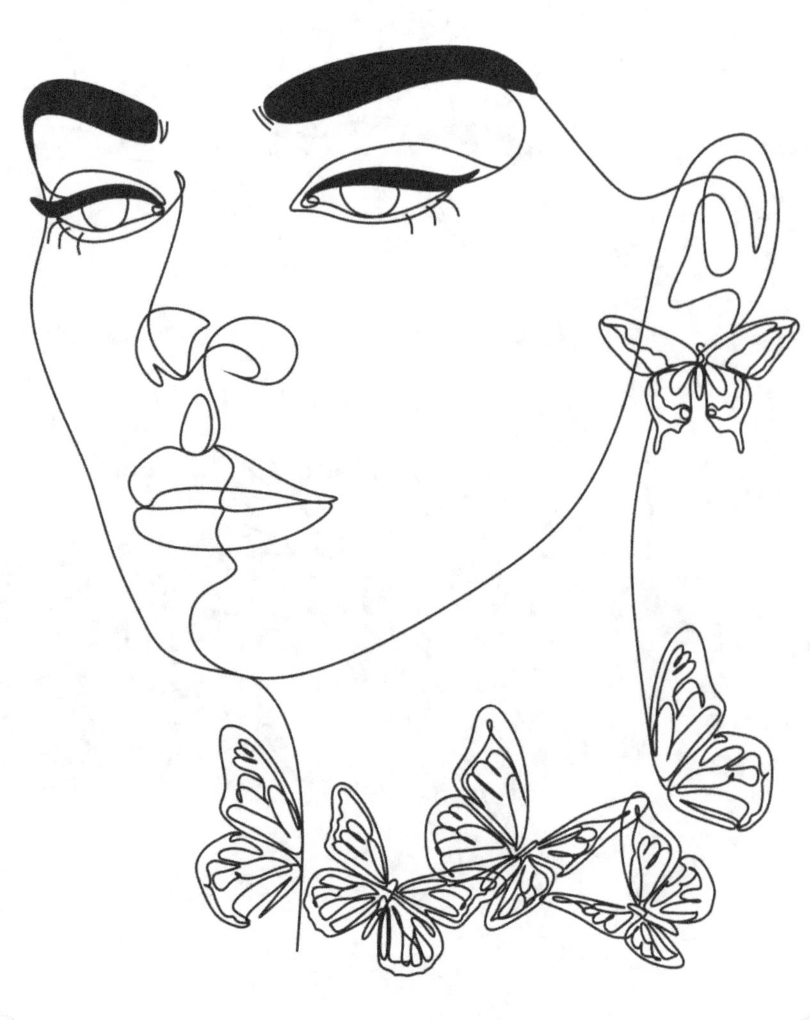

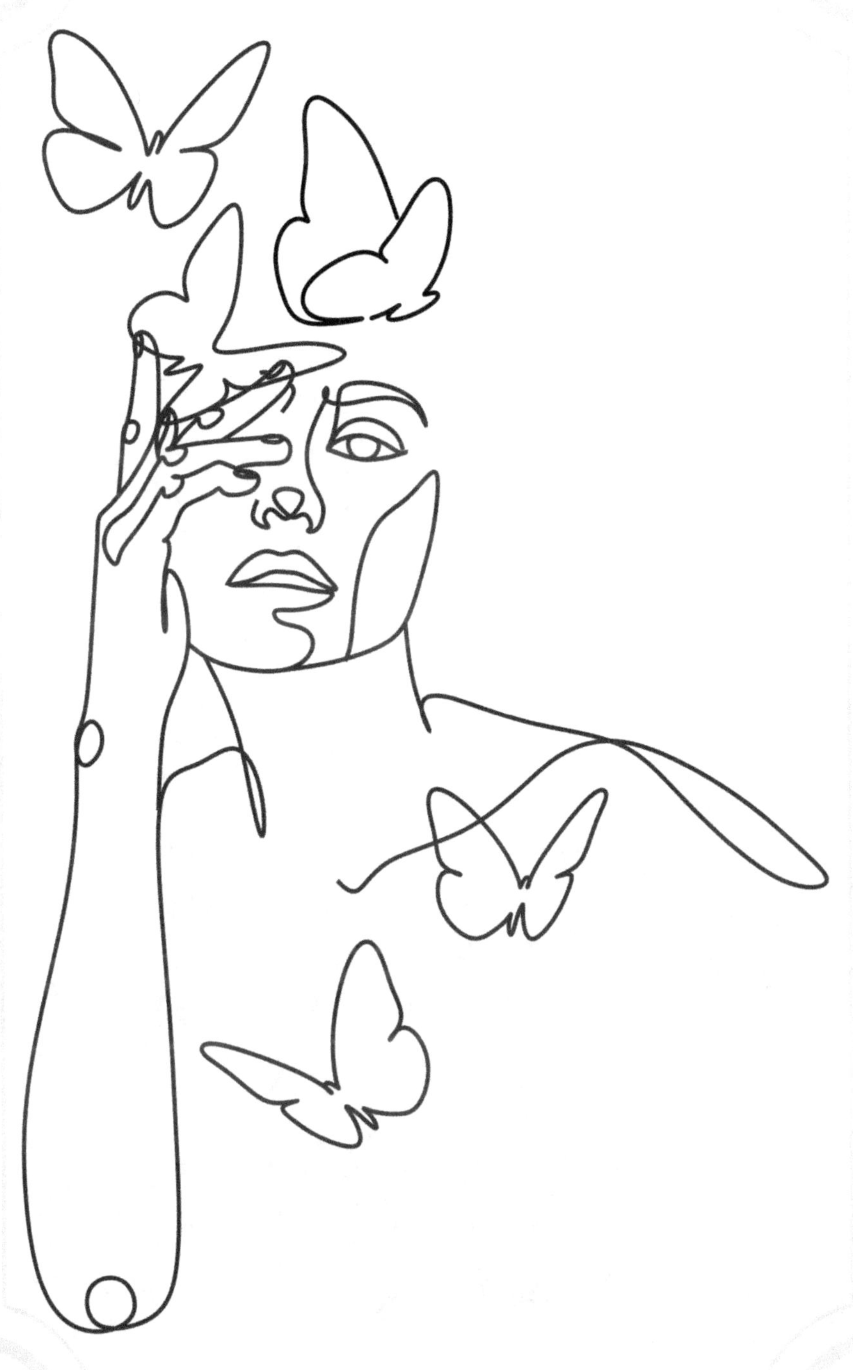

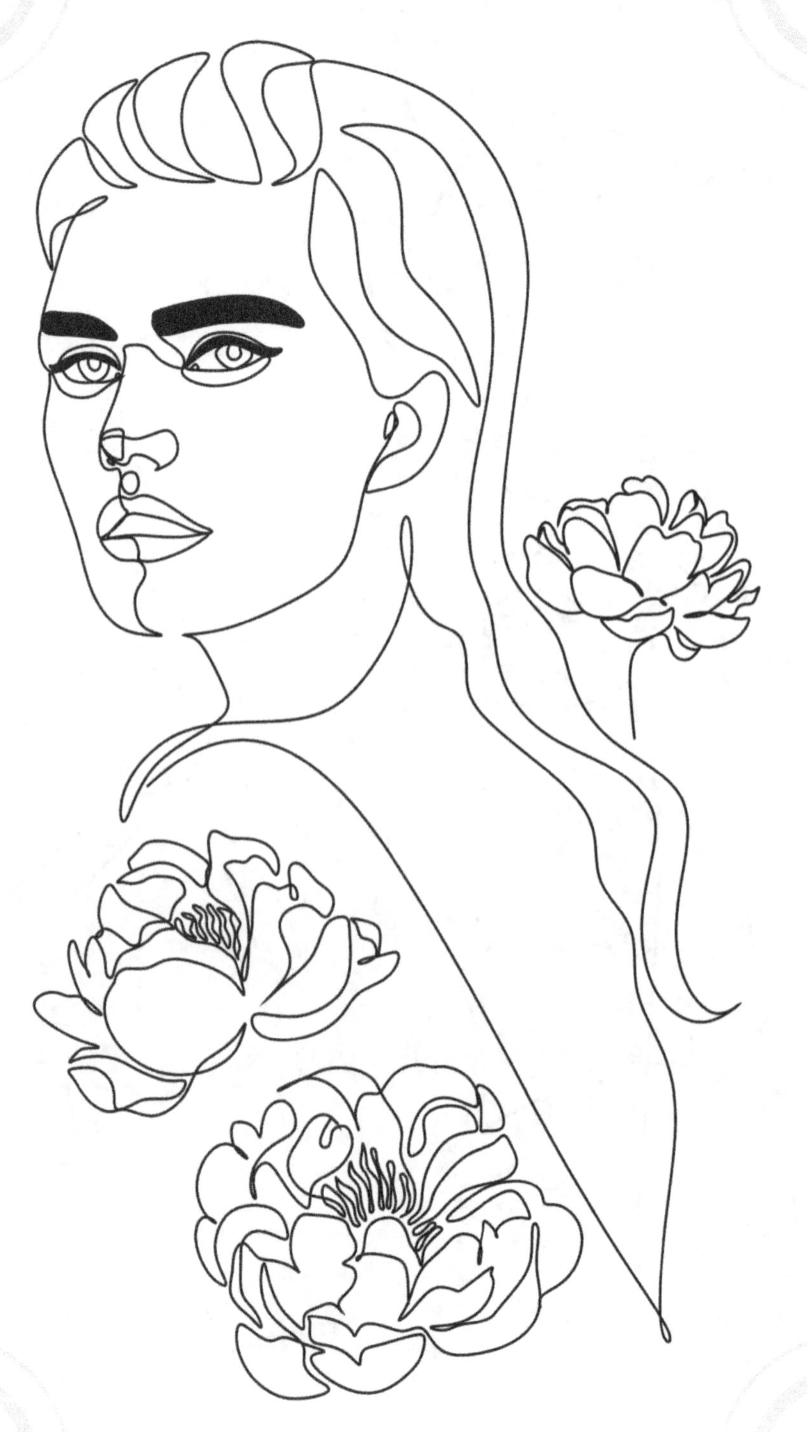

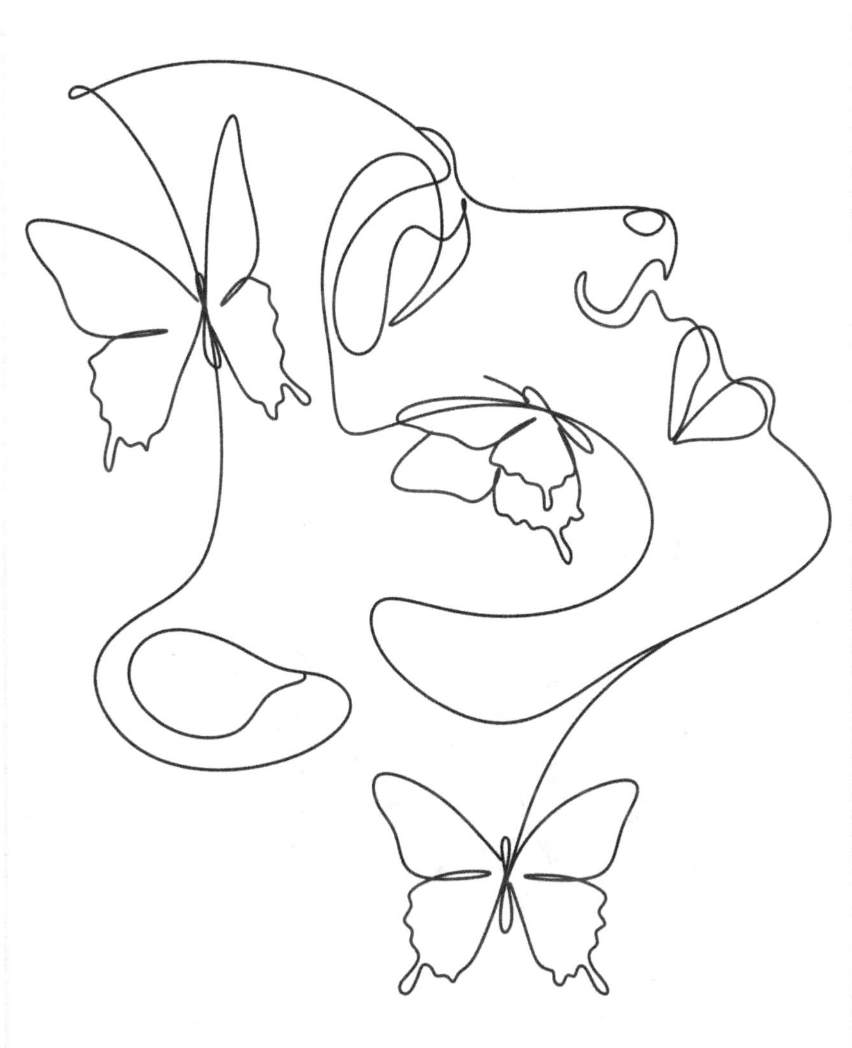

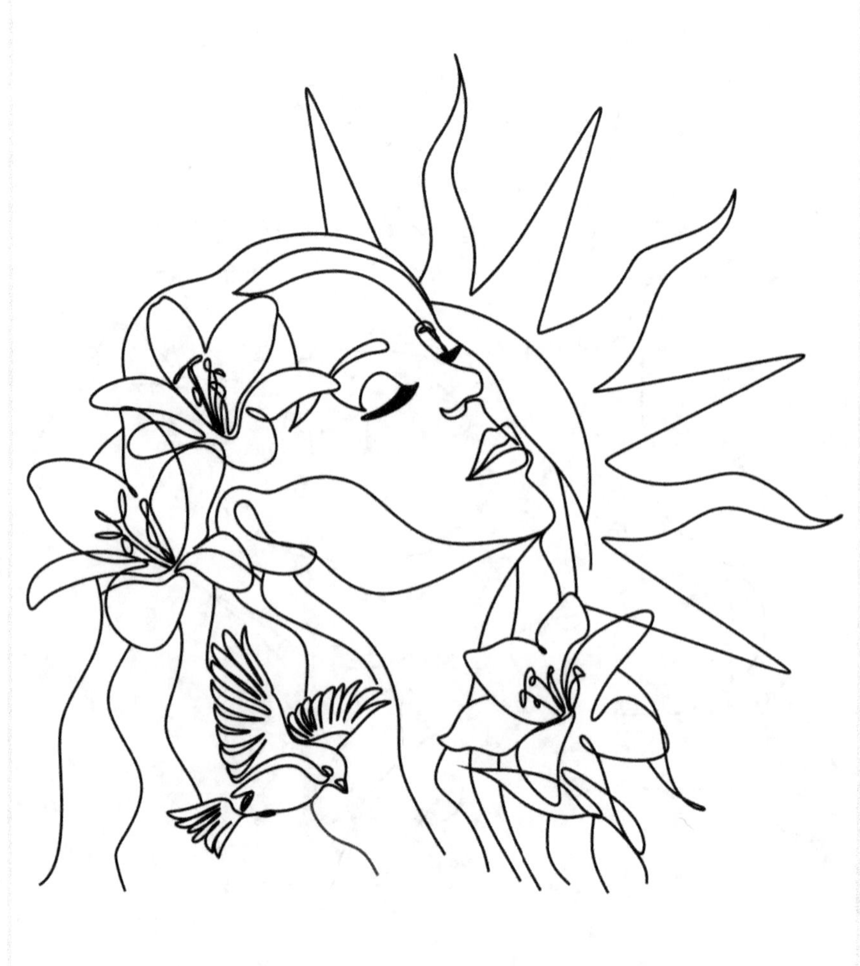

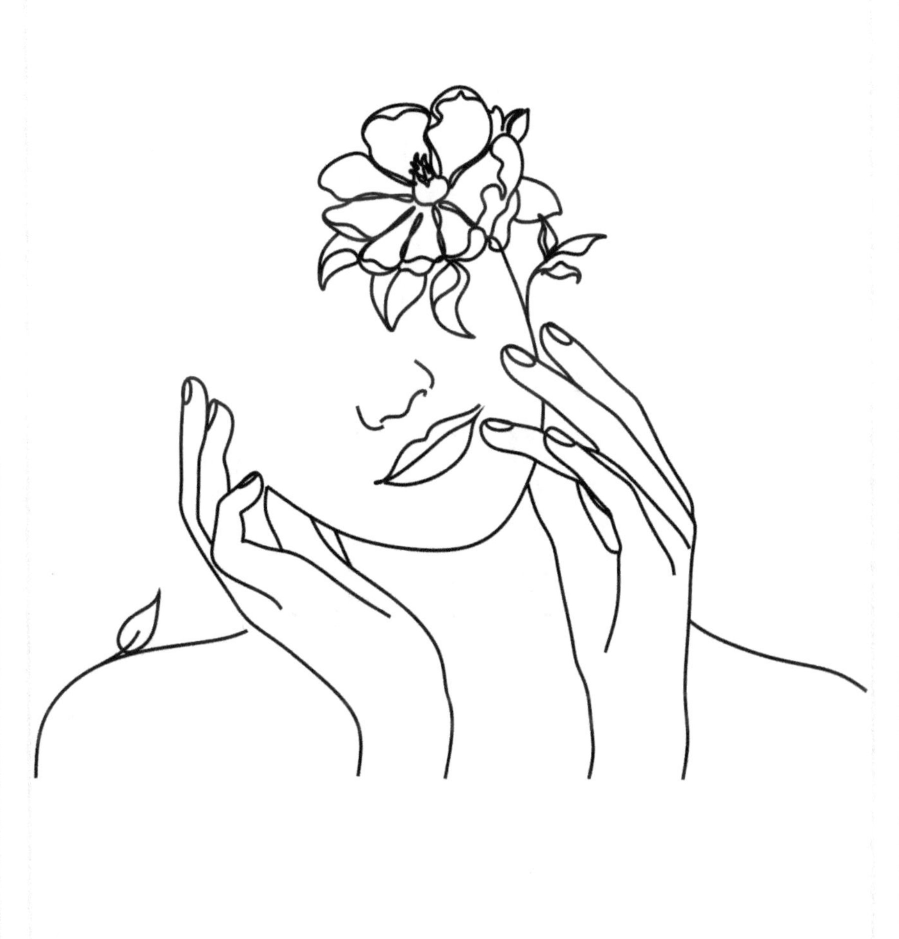

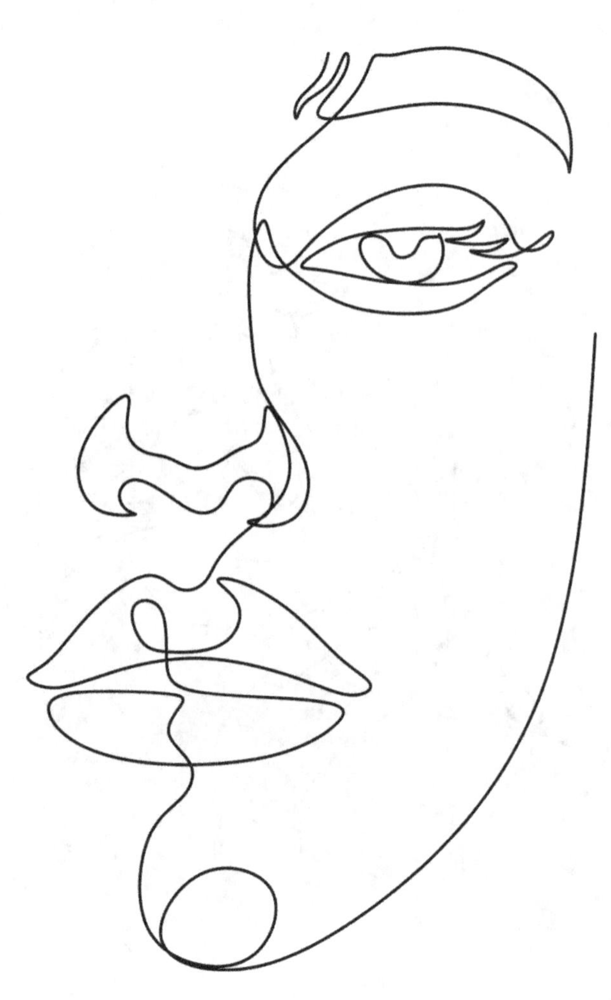

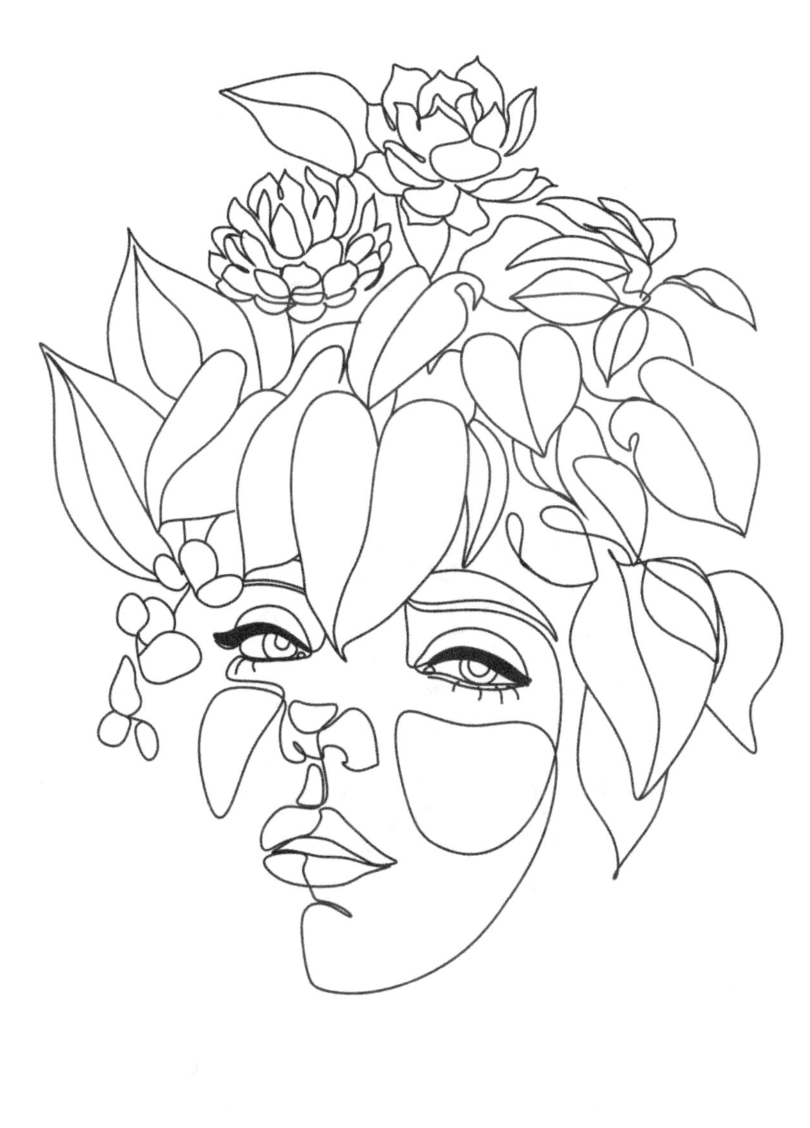

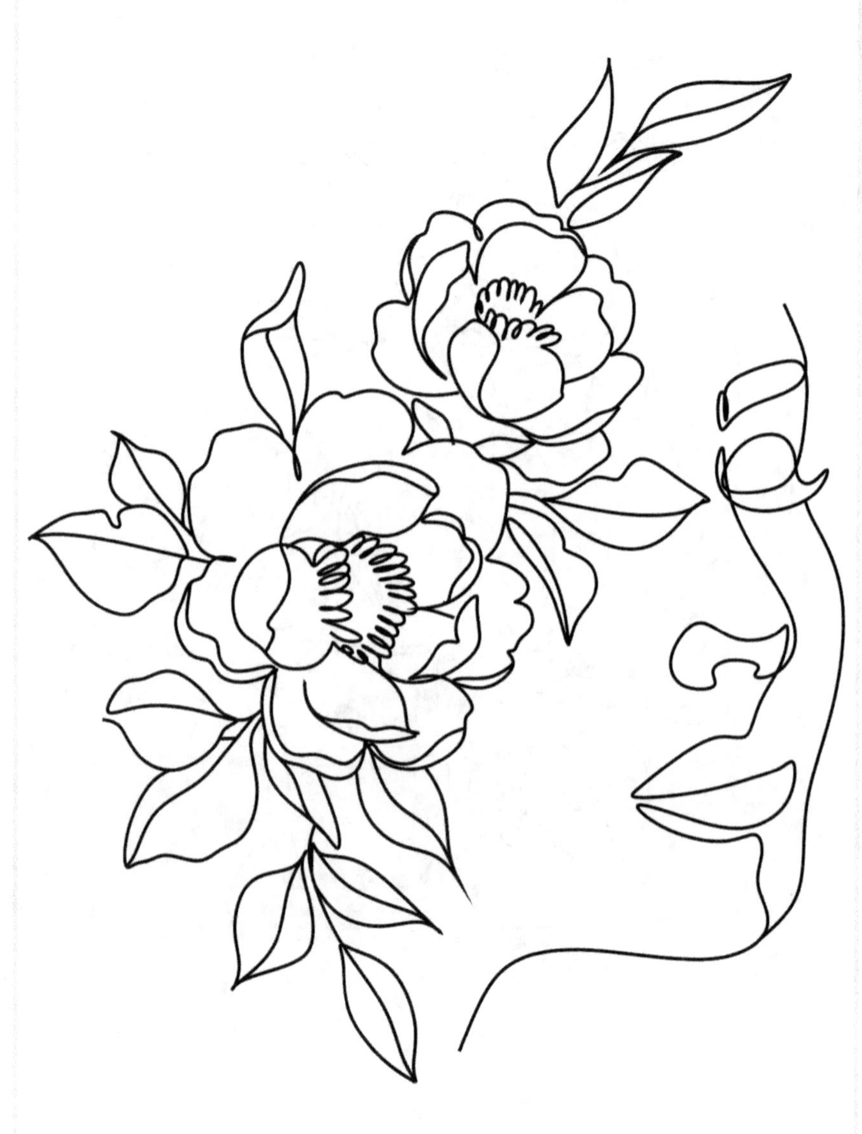

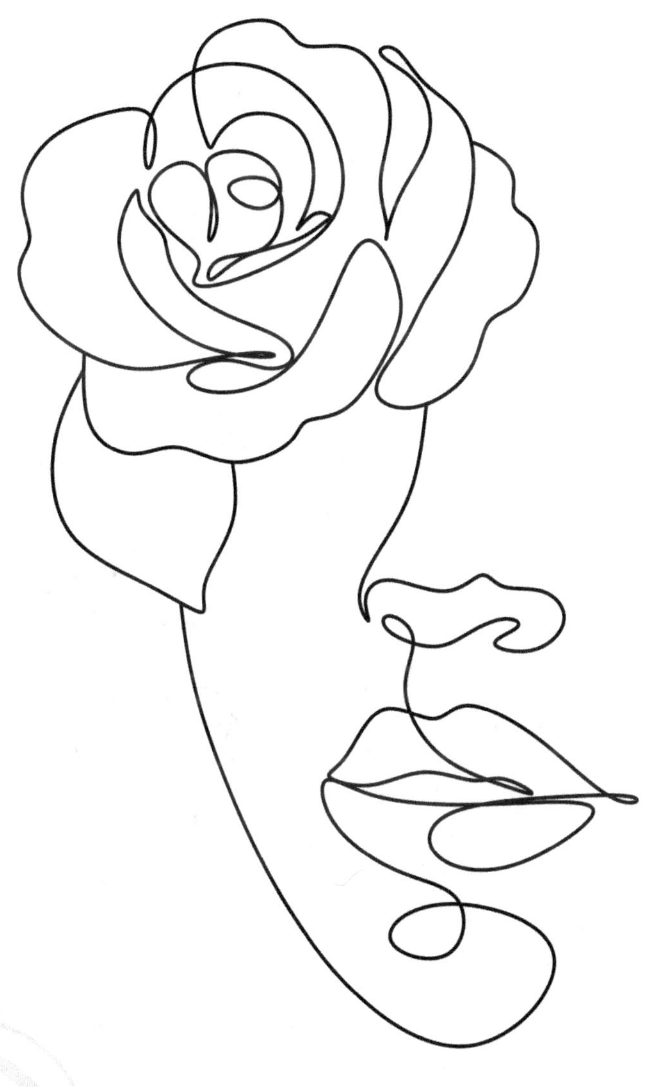

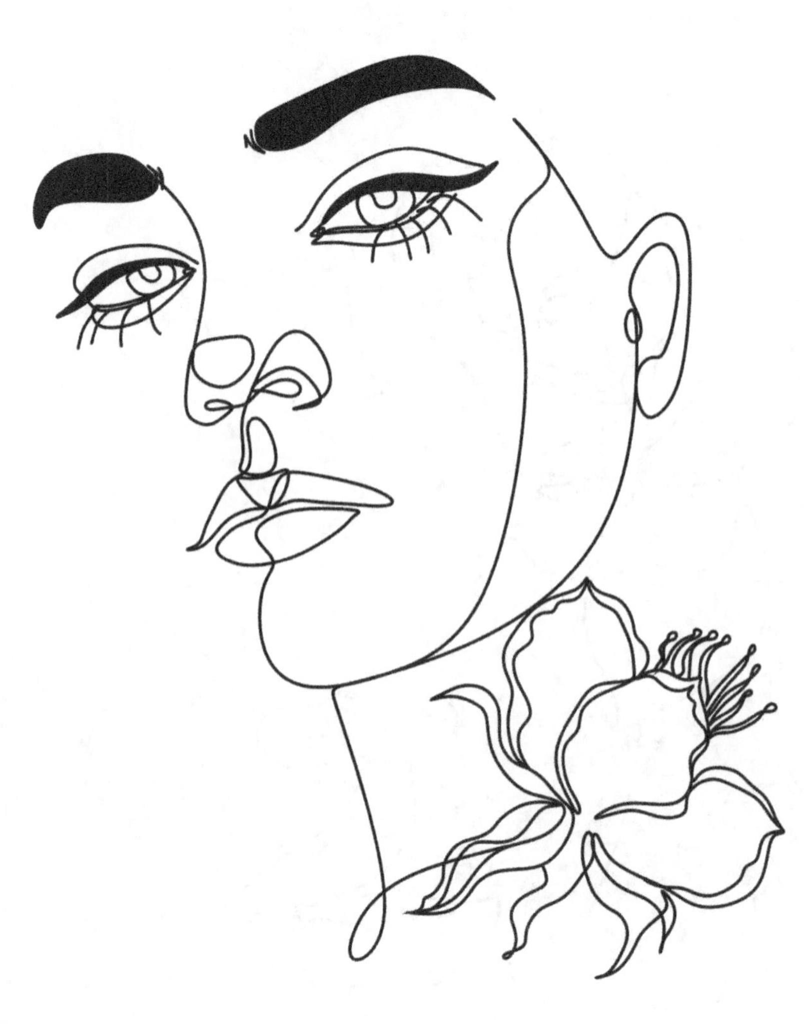

www.ingramcontent.com/pod-product-compliance
Lightning Source LLC
Chambersburg PA
CBHW060909260726
48661CB00008B/3545